THE MORE I DRINK THE **MERRIER** I GET

THE MORE I DRINK THE **MERRIER** I GET

THE MORE I DRINK
THE
MERRIER
I GET

THE MORE I DRINK
THE
MERRIER
I GET

www.ingramcontent.com/pod-product-compliance
Lightning Source LLC
LaVergne TN
LVHW060330080526
838202LV00053B/4447